Hachette-BnF s'enrichit d'une nouvelle gamme d'ouvrages en couleurs, fac-similés d'éditions originales publiées jusqu'au début du xxᵉ siècle, sélectionnées parmi des pièces remarquables et rares conservées à la Bibliothèque nationale de France.

Imprimés à la demande, ces ouvrages sont ainsi des reproductions fidèles d'éditions d'œuvres richement illustrées de gravures, peintures ou dessins réalisés par de grands artistes. Les œuvres de cette collection ont été numérisées par la BnF et sont consultables en version numérique sur Gallica.

Pour découvrir tous les titres du catalogue, rendez-vous sur www.hachettebnf.fr

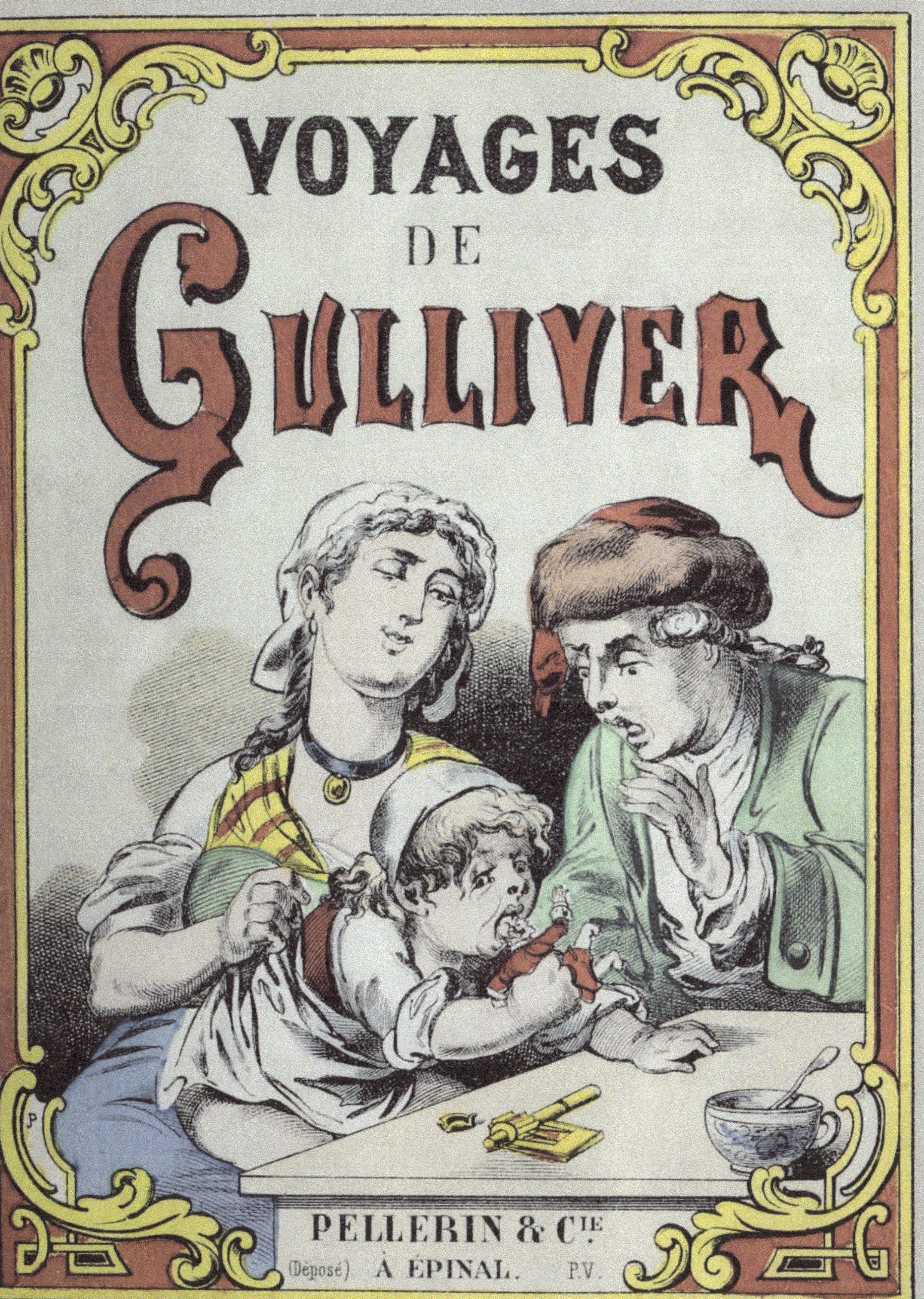
VOYAGES
DE
GULLIVER
PELLERIN & Cie.
(Déposé)   À ÉPINAL.   P.V.

Voyages

DE Gulliver

Orné de gravures coloriées

par A. Linden.

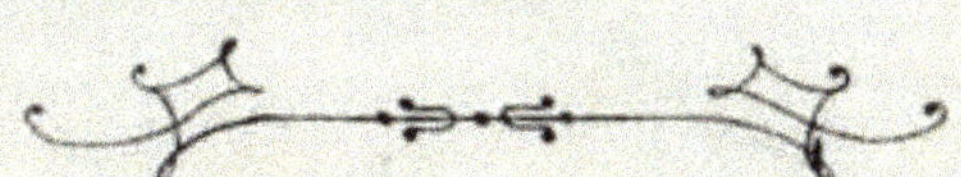

PELLERIN & Cie

EDITEURS

A ÉPINAL.

(Déposé. P.V.)

VOYAGES DE GULLIVER.

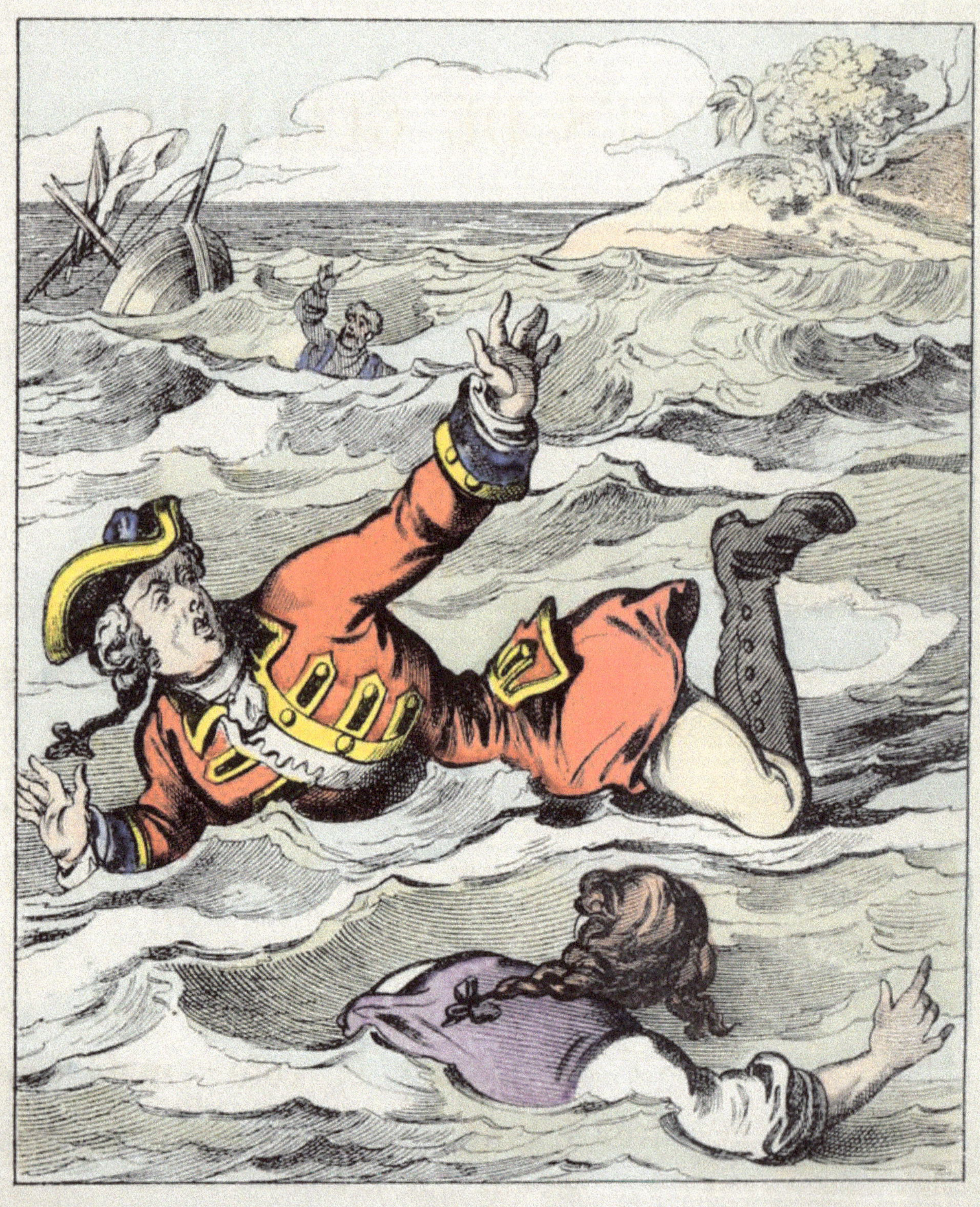

Naufrage de Gulliver.

VOYAGES DE GULLIVER.

I.

Gulliver, chirurgien de marine, s'embarqua sur le vaisseau l'Antilope et partit pour les mers du sud. Le voyage fut d'abord très heureux ; mais, arrivé près de la terre de Van-Diemen, le navire fut assailli par une horrible tempête et se brisa contre les rochers.

Les chaloupes furent mises à la mer, et l'équipage essaya de gagner la côte ; mais que pouvaient ces frêles embarcations contre la rage des vents et des flots ? elles furent toutes submergées.

Celle que montait Gulliver avec six compagnons,

VOYAGES DE GULLIVER.

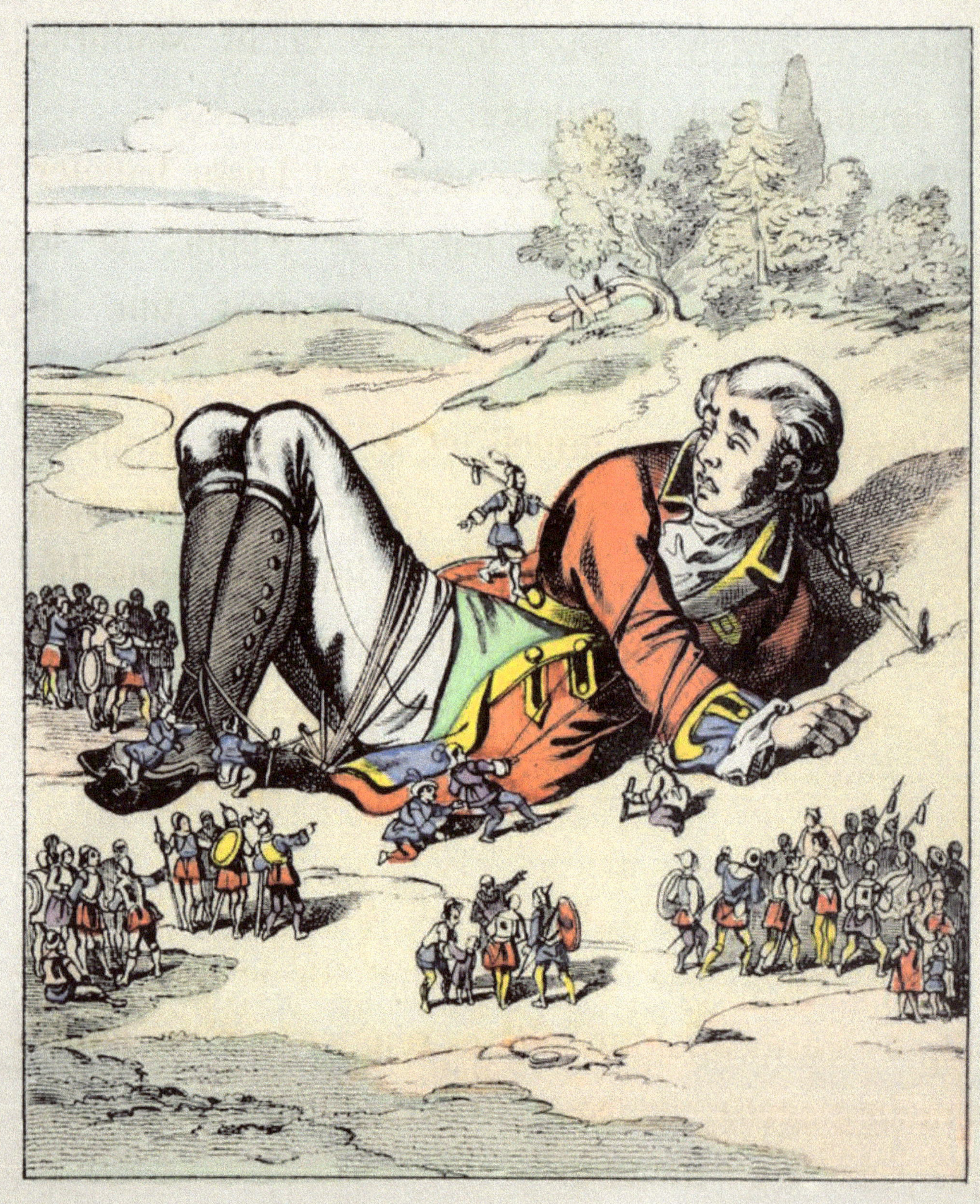

D'innombrables ligatures enveloppaient ses bras, ses jambes et ses cheveux.

VOYAGES DE GULLIVER.

résista plus longtemps et déjà s'approchait du rivage, lorsqu'une lame furieuse la fit sombrer et engloutit son équipage.

Gulliver, qui était bon nageur, se laissa balloter par les flots. Enfin, le temps se calma, et le naufragé, trouvant pied, aborda dans une île qui lui sembla déserte.

Vaincu par le sommeil et la fatigue, Gulliver se coucha sur l'herbe et dormit pendant neuf heures. Lorsqu'il se réveilla, il lui fut impossible de se lever; d'innombrables ligatures, fines comme des toiles d'araignées, enveloppaient ses bras, ses jambes et ses cheveux, et le retenaient au sol.

Un bruit confus arrivait à son oreille; il ne pouvait rien voir étant couché sur le dos. Bientôt, il sentit quelque chose remuer sur sa jambe gauche; cette chose s'avança tout doucement jusqu'à son menton.

Quelle ne fut pas la surprise de Gulliver lorsqu'il aperçut une créature humaine, pas plus

VOYAGES DE GULLIVER.

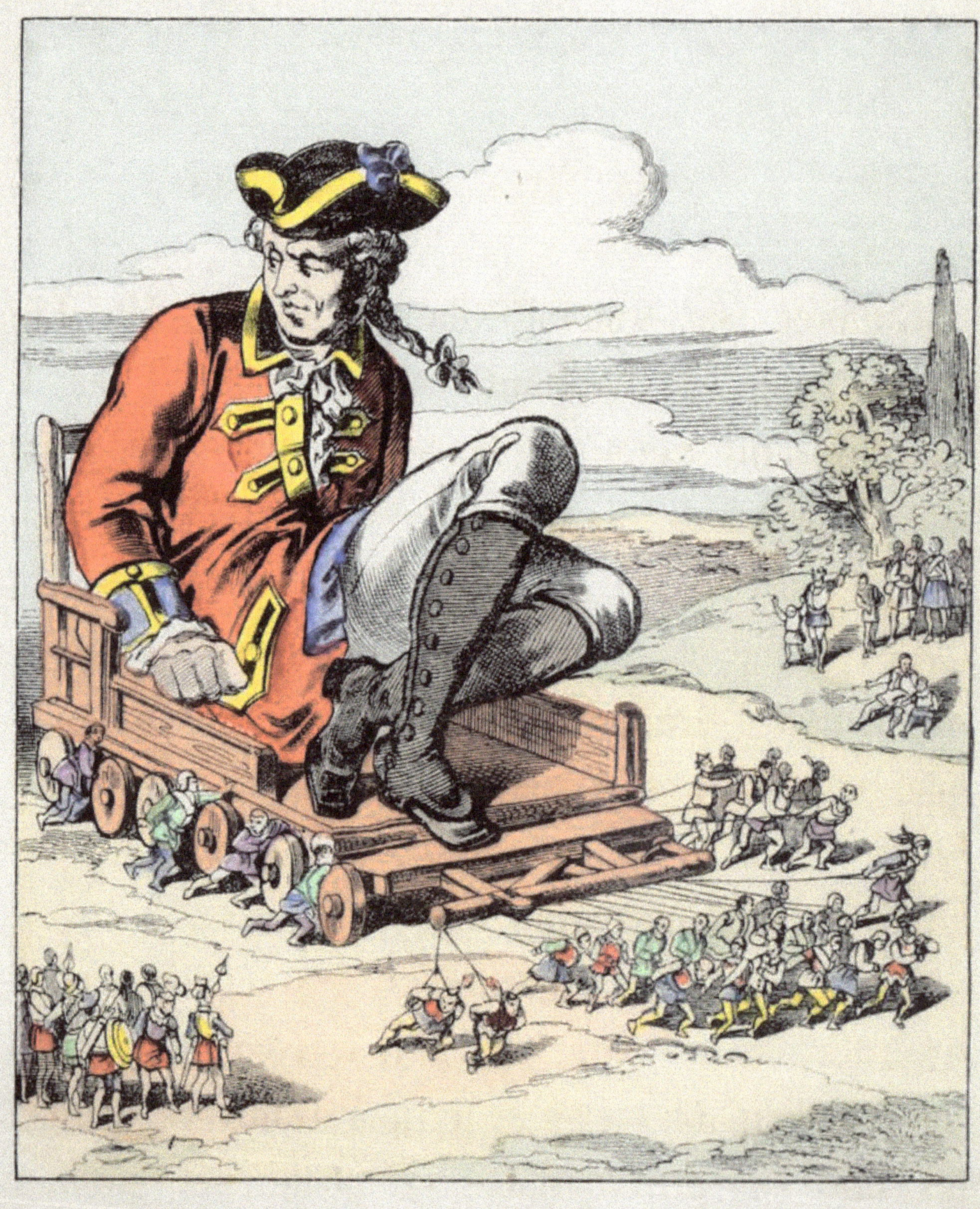

Gulliver est transporté dans la Capitale.

VOYAGES DE GULLIVER.

haute que son petit doigt, et qu'il en sentit une quarantaine d'autres qui lui piétinaient sur le corps?

Tous ces petits êtres étaient armés de pied en cap.

Gulliver se trouvait dans l'île appelée Lilliput, dont les habitants ne dépassent pas la hauteur d'un verre à boire. Sa présence ayant jeté l'épouvante dans le pays, il avait été enchaîné par ordre de l'empereur.

Cinq mille charpentiers construisirent un chariot sur lequel l'étranger fut transporté dans la capitale. On lui donna pour demeure la plus haute église de la ville, et toute la population vint admirer l'homme-montagne.

Plusieurs Lilliputiens, malgré les défenses, ayant tiré des flèches sur le géant, le colonel fit arrêter les coupables et les livra à Gulliver; celui-ci les mit en prison dans sa poche, et prenant l'un deux par les jambes, fit semblant de le croquer. — Le petit homme poussa des cris

VOYAGES DE GULLIVER.

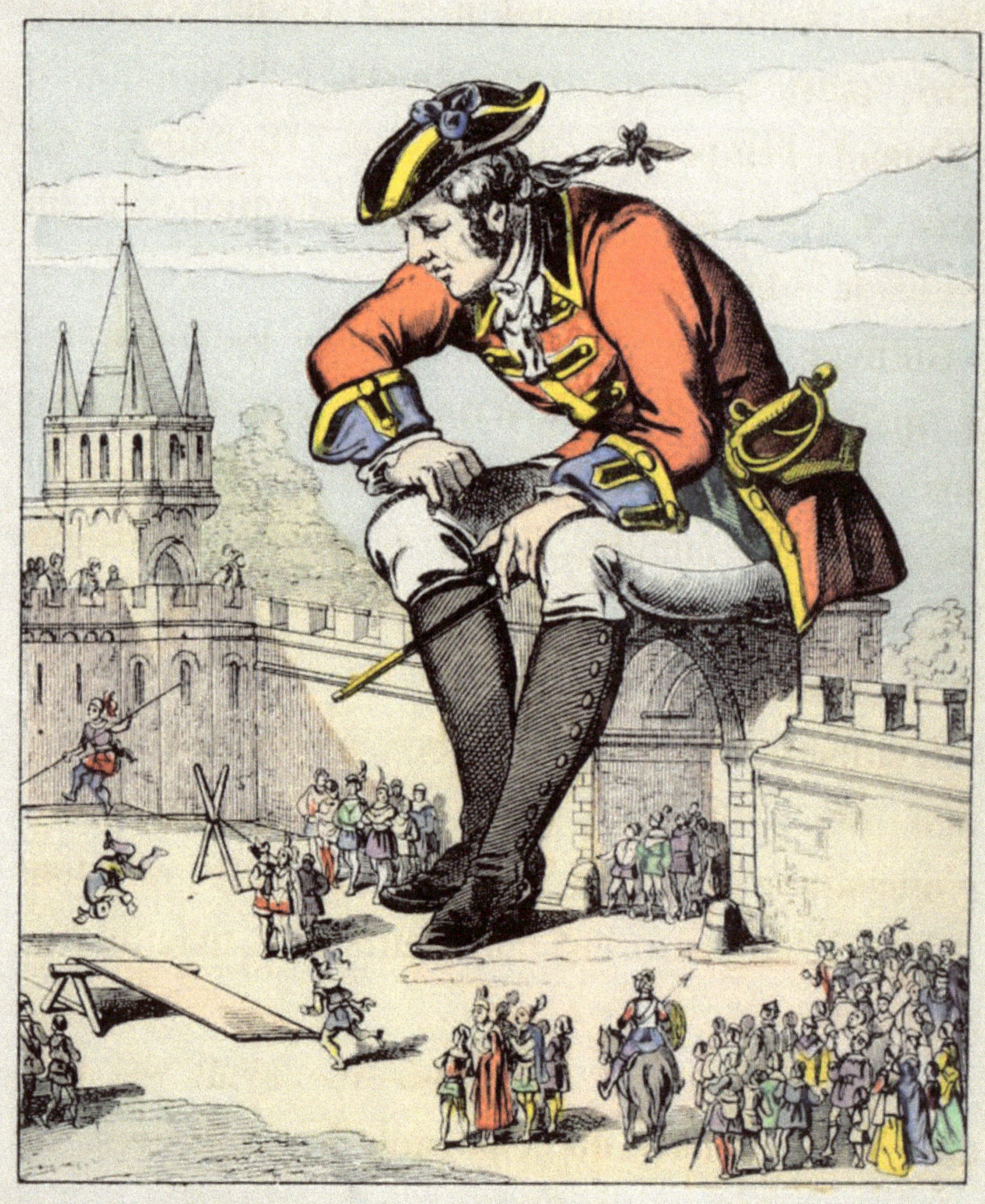

Tous les courtisans parurent dans leurs plus magnifiques costumes.

VOYAGES DE GULLIVER.

affreux; Gulliver se prit à rire et le déposa à terre, ainsi que ses compagnons.

Quand l'empereur apprit que l'homme-montagne n'avait pas de mauvaises intentions, il lui rendit la liberté.

Gulliver en profita pour visiter le royaume, ce qu'il fit en moins d'une heure. Ayant fait plus ample connaissance avec le roi et les personnes de sa famille, il sut bien vite la langue du pays et put converser avec les belles dames de la cour.

L'empereur voulant montrer à son hôte combien ses ministres étaient habiles dans l'art gymnastique, donna une grande fête où tous les courtisans parurent dans leurs plus magnifiques costumes.

Une corde en fil de ver-à-soie avait été tendue sur la place du château; les ministres, les généraux, les hauts fonctionnaires de l'Etat dansèrent sur la corde raide et firent le saut du tremplin avec infiniment d'adresse.

VOYAGES DE GULLIVER.

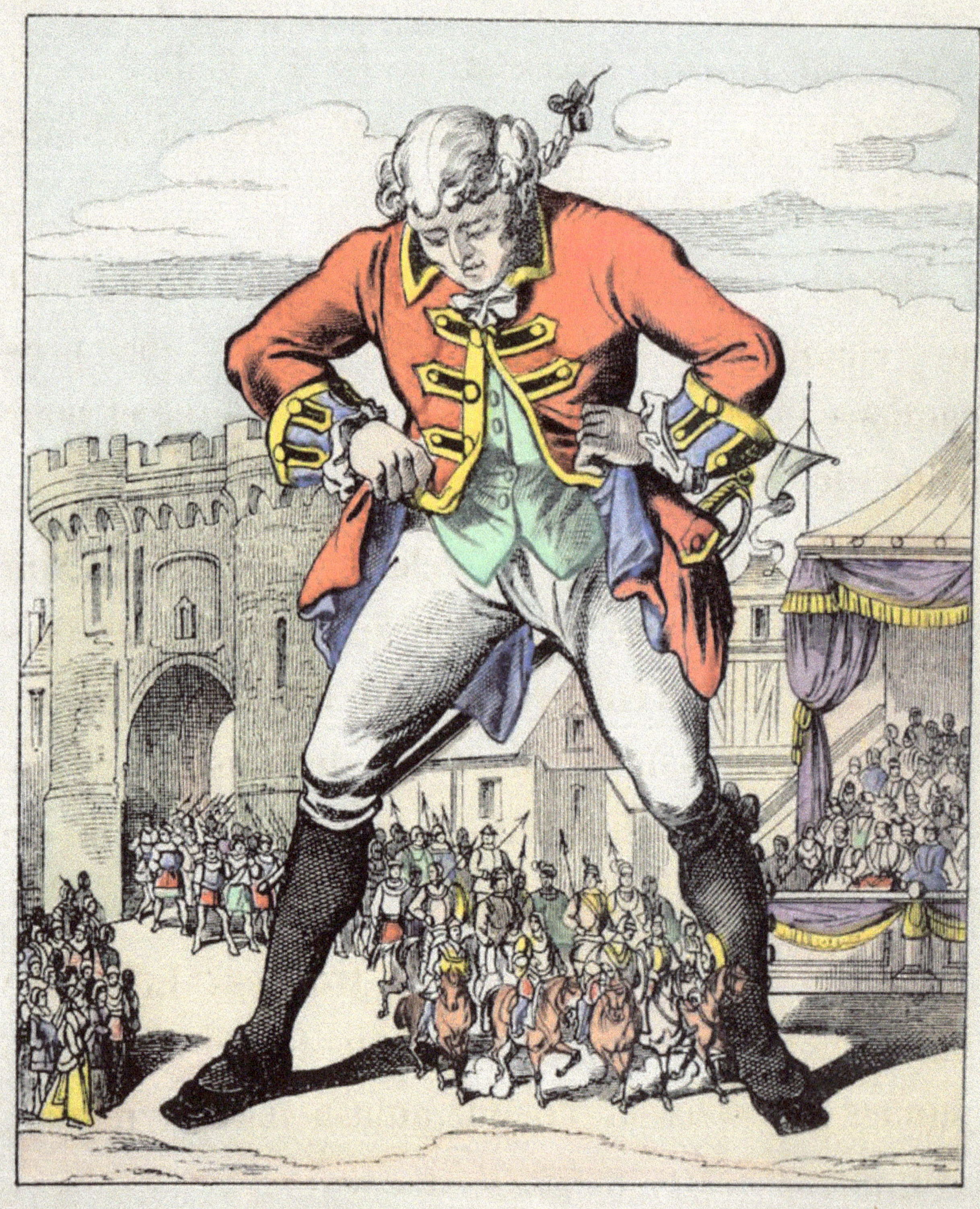

L'Empereur pria Gulliver de se tenir debout et décarter les jambes.

VOYAGES DE GULLIVER.

Lorsque Gulliver parlait, il avait soin de retenir son haleine dans la crainte de renverser ses interlocuteurs ; pour les entendre, il les asseyait dans son oreille.

Quand il se promenait, soit à la ville, soit aux champs, il était obligé de prendre des précautions infinies afin de n'écraser personne et pour éviter de renverser les maisons.

Il avait grand soin de relever les pans de son habit, pour ne pas emporter les toitures des édifices. Un jour, l'empereur étant de belle humeur, fit assembler son armée forte de plusieurs centaines de mille hommes et pria Gulliver de se tenir debout et d'écarter les jambes.

Le roi fit alors défiler ses troupes, infanterie et cavalerie sur vingt-quatre de front, entre les jambes du colosse, ce qui amusa tout le monde.

Gulliver avait six cents domestiques à son service. Trois cents tailleurs étaient occupés à lui confectionner des habits à la mode Lilliputienne.

VOYAGES DE GULLIVER.

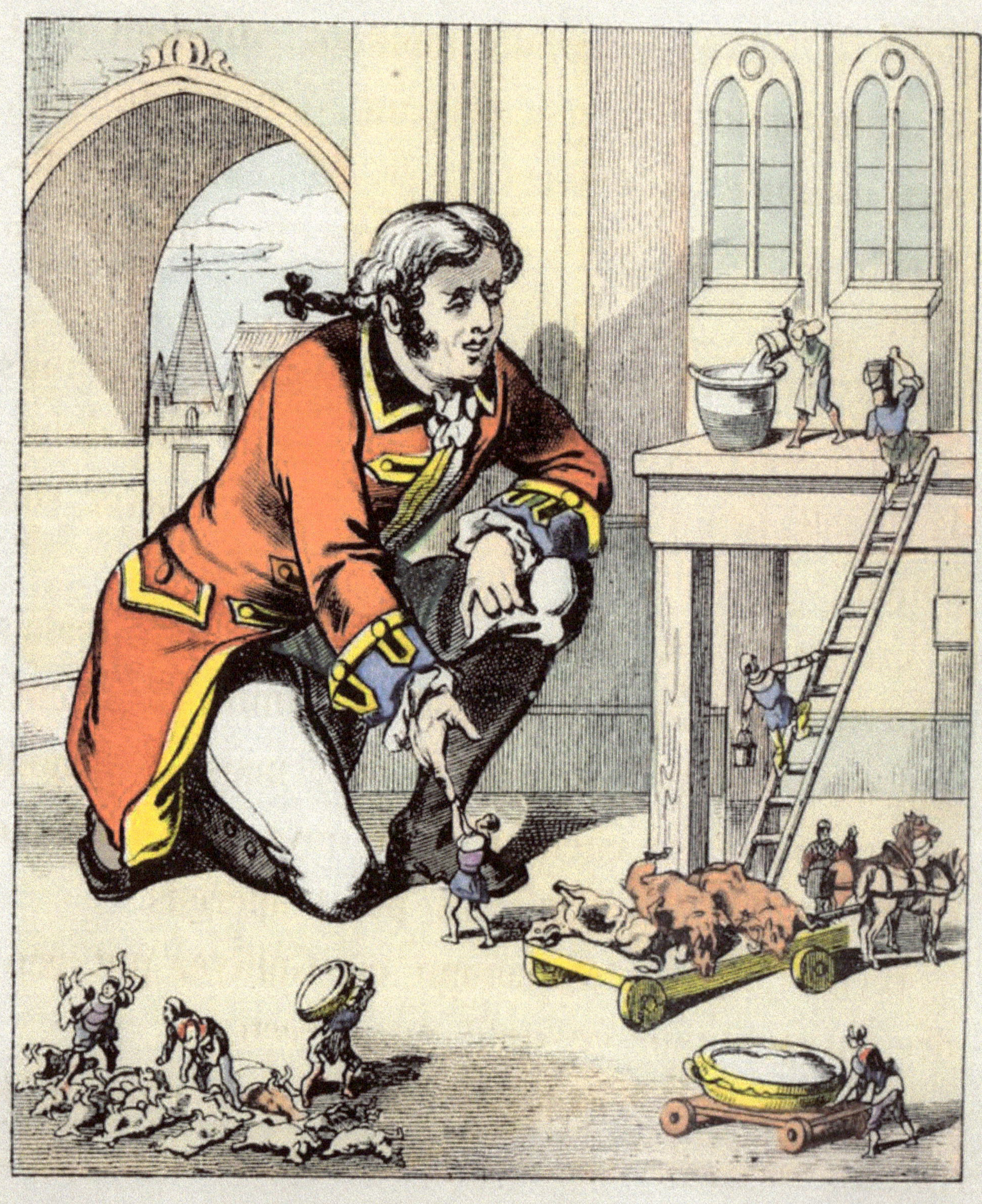

Il recevait six bœufs, quarante moutons et dix-huit cent soixante-quinze livres de pain.

VOYAGES DE GULLIVER.

Tous les matins, il recevait pour sa nourriture : six bœufs, quarante moutons, dix-huit cent soixante - quinze livres de pain, autant de vin, sans compter le dessert et le fromage; ces dépenses pesàient lourdement sur le Budget de l'État.

Gulliver, en compensation, rendait de grands services : il creusait des canaux avec son doigt, défrichait des forêts, nettoyait les ports avec son soulier.

Un jour, un incendie s'alluma dans le palais impérial; Gulliver cracha dessus immédiatement: non - seulement il éteignit le feu, mais il démolit encore plusieurs cheminées et noya une douzaine de pompiers, qu'il n'avait point aperçus.

Bientôt arriva le moment où Gulliver put rendre au centuple ce qu'il avait reçu.

L'empereur de Lilliput avait pour ennemi le roi de Blefescu, son voisin et son rival en puissance. Ce roi équipait une flotte considérable en vue d'une guerre prochaine.

VOYAGES DE GULLIVER.

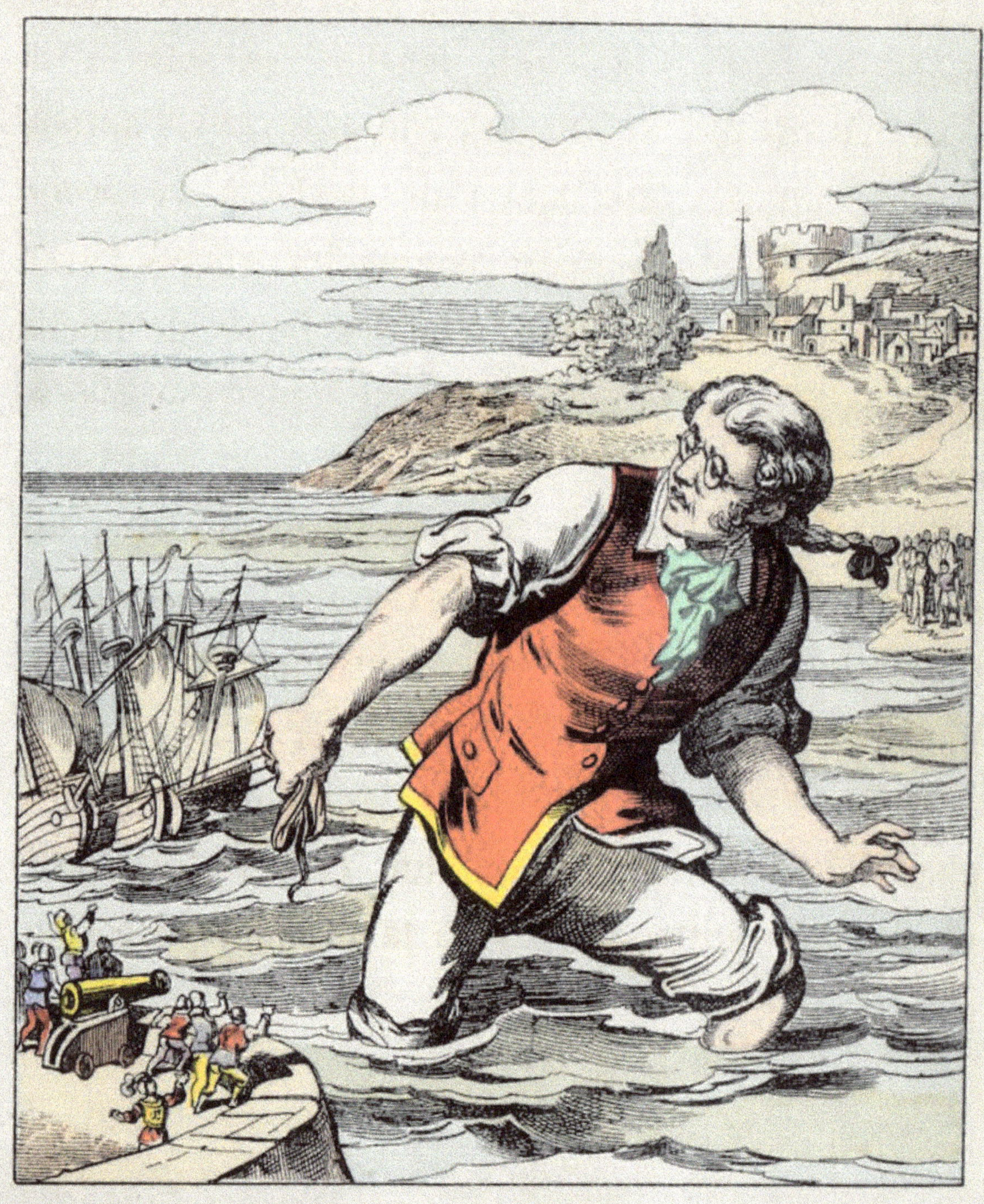

Gulliver ramena la flotte entière dans le port de Lilliput.

VOYAGES DE GULLIVER.

L'empereur fit part de ses craintes à l'homme-montagne : celui-ci, sans hésiter, se jeta à la nage, et, malgré les flèches qui pleuvaient autour de lui, attacha des bouts de ficelle à la proue des vaisseaux ennemis, coupa les ancres avec son canif, et réunissant tous les bouts de ficelle dans sa main, ramena la flotte entière dans le port de Lilliput.

Le roi de Blefescu comprenant que rien ne pouvait résister à pareil adversaire, conclut un traité de paix avec son rival, l'empereur de Lilliput, et offrit son amitié à Gulliver.

Gulliver ayant appris que les Ministres jaloux cherchaient le moyen de lui crever les yeux, résolut de quitter le pays à la première occasion.

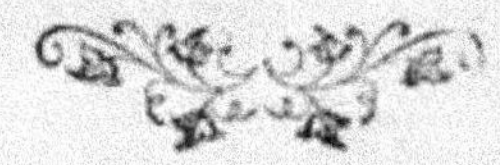

VOYAGES DE GULLIVER.

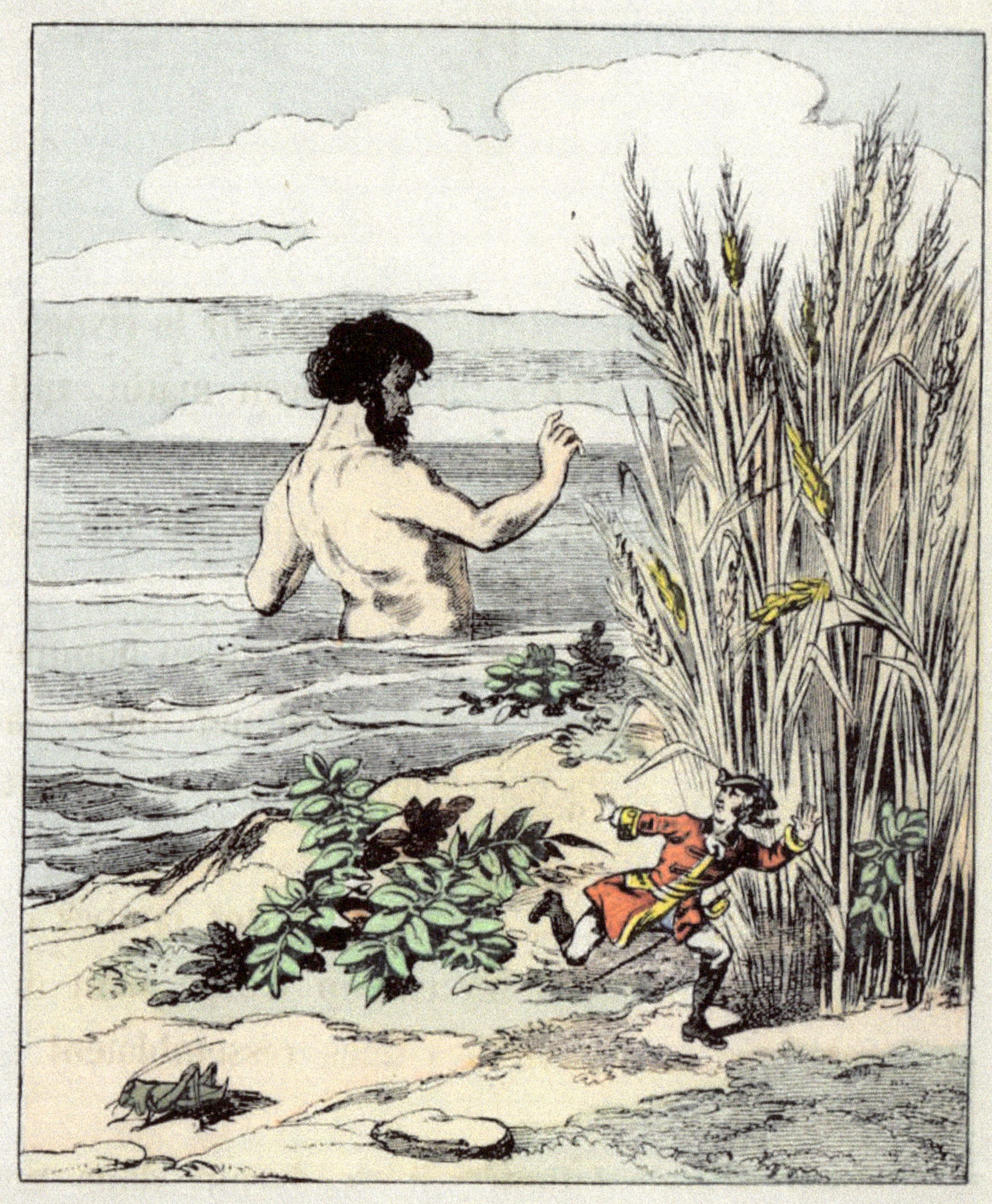

Gulliver se blottit dans un champ d'orge haut de quarante pieds.

VOYAGES DE GULLIVER.

II.

Ayant trouvé une barque échouée sur le rivage, il la chargea de vivres, et, un beau matin, mit à la voile, sans rien dire à personne.

Après plusieurs jours de navigation, il aborda un rivage qui lui parut inhabité.

A peine avait-il mis pied à terre, qu'un homme de taille gigantesque, vint se baigner dans la mer. — L'eau, malgré sa profondeur, n'arrivait qu'à la ceinture du géant.

Gulliver, épouvanté, s'enfuit à toutes jambes et courut se blottir dans un champ d'orge haut de quarante pieds, et dont les tiges ressemblaient à des troncs d'arbres.

Comme il était fatigué, il s'endormit dans un sillon.

Il fut réveillé par un bruit épouvantable; se

VOYAGES DE GULLIVER.

levant aussitôt, il vit les arbres, c'est-à-dire les épis, tombant avec fracas sous la faucille de plusieurs géants, semblables au premier qu'il avait rencontré.

Gulliver, risquant d'être coupé en deux ou écrasé sous les pieds des moissonneurs, cria de toutes ses forces.

Un des géants s'arrêta et saisit le petit homme, de même qu'on prend un insecte dont on redoute la piqûre, et l'éleva à la hauteur de ses yeux, c'est-à-dire à plus de soixante pieds.

Gulliver fit alors toutes sortes de gestes pour exprimer le mal que lui faisaient les doigts du moissonneur ; celui-ci comprit la pantomime et appela ses camarades.

Le maître du champ, émerveillé de la gentillesse de Gulliver qu'il prenait pour une bestiole, le posa sur son chapeau.

Le fermier emporta Gulliver dans sa maison, et le montra à sa femme et à ses enfants.

VOYAGES DE GULLIVER.

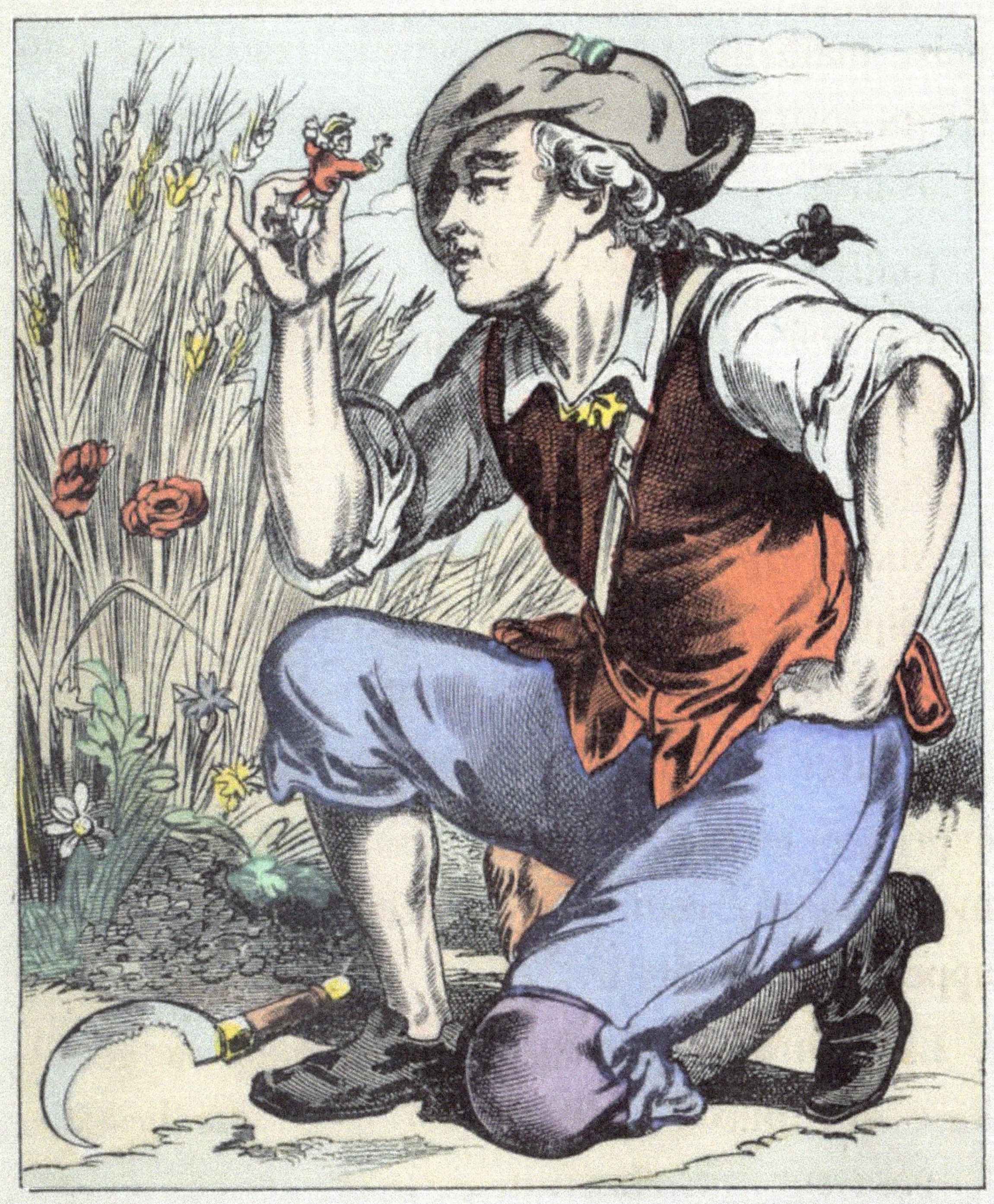

Le moissonneur comprit la pantomime et appela ses camarades.

VOYAGES DE GULLIVER.

La bonne dame se recula d'abord avec dégoût, — ainsi qu'on fait à la vue d'une araignée ou d'un crapaud, — mais ayant observé les allures et les gestes du nain, elle finit par y prendre plaisir et le déposa sur la table ; ensuite, elle émietta du pain et de la viande dans une assiette et la présenta à Gulliver.

Celui-ci s'assit sur le bord de l'assiette et mangea de fort bon appétit.

Quelques instants après, la famille du fermier s'attabla elle-même pour dîner ; le petit homme circula au milieu des plats, des fourchettes et des couteaux avec beaucoup d'adresse.

Cependant, ayant butté contre une petite croûte de pain, il tomba le nez sur la table sans se faire aucun mal.

Gulliver eut bientôt un grand sujet d'effroi : tandis qu'il se promenait sur le bras de la fermière, le chat du logis, animal deux fois plus gros qu'un bœuf, sauta sur les genoux de sa

VOYAGES DE GULLIVER.

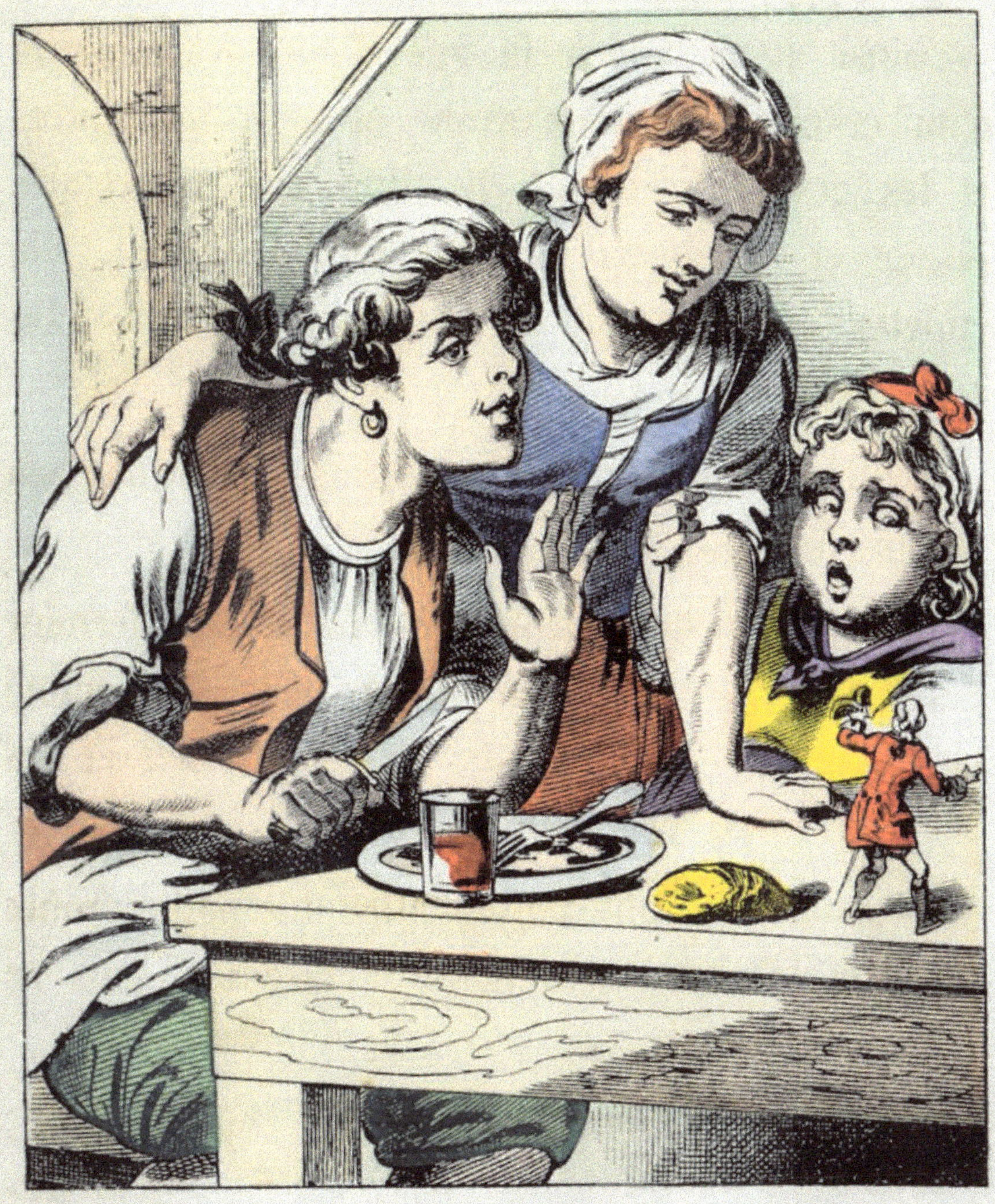

Gulliver circula au milieu des plats, des fourchettes et des couteaux avec beaucoup d'adresse.

VOYAGES DE GULLIVER.

maîtresse; Gulliver, épouvanté, s'accroupit dans la main de la bonne dame : ses terreurs n'étaient point finies.

Deux chiens, dont un levrier, — deux fois plus haut qu'une girafe, — et un mâtin, — trois fois gros comme un éléphant, — firent irruption dans la salle et vinrent caresser leur maîtresse.

Ils ne firent aucun mal à Gulliver, que la fermière avait pourtant reposé sur ses genoux à côté du chat : ces bêtes comprenaient sans doute que le petit homme, étant l'hôte de la maison, il fallait le respecter.

Gulliver, rassuré, s'amusa avec ces animaux et monta à califourchon sur le nez du levrier, — ce qui divertit beaucoup la fermière.

Un nouveau danger — mais plus sérieux cette fois — menaça le pauvre nain : la nourrice rentra, portant son nourrisson dans ses bras.

Dès que le marmot aperçut Gulliver, il le prit pour une poupée et cria pour l'avoir : sa maman

VOYAGES DE GULLIVER.

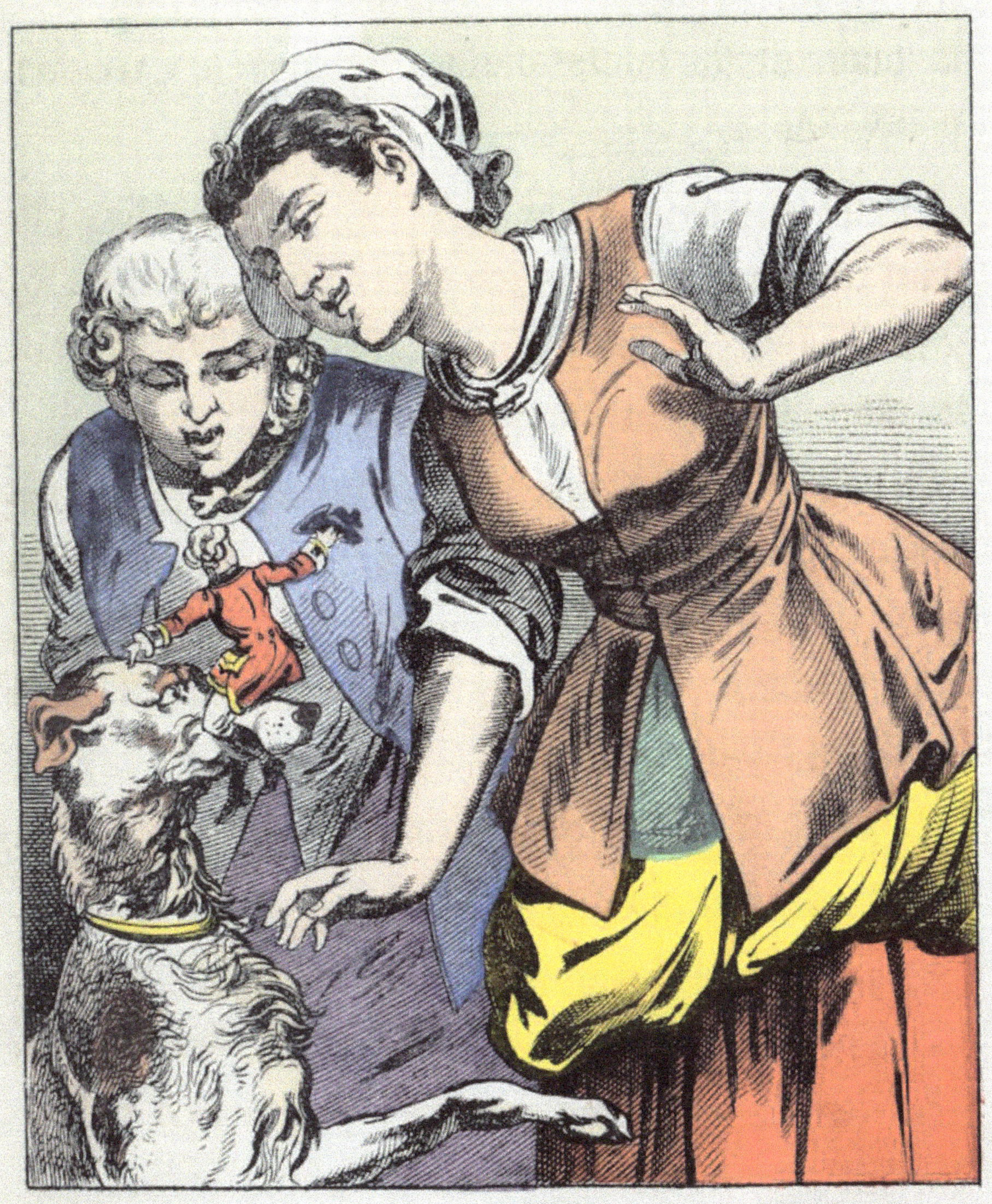

Gulliver monta à califourchon sur le nez du
lévrier, ce qui divertit beaucoup la fermière.

VOYAGES DE GULLIVER.

qui ne savait rien lui refuser, lui donna Gulliver; et tout aussitôt le bébé introduisit dans sa bouche la tête du nouveau jouet.

Gulliver, plus mort que vif, poussa de tels cris de détresse, que l'enfant lâcha sa proie. — Gulliver aurait été broyé dans sa chûte si la fermière ne l'avait pas reçu dans son tablier; — néanmoins, le pauvre petit homme, tout contusionné par les dents de l'enfant, faisait triste mine.

La fermière, jugeant qu'il avait besoin de repos, le coucha dans son propre lit en ayant soin de le couvrir d'un mouchoir blanc.

Gulliver dormit peu.

Il fut réveillé par deux rats — plus gros que des moutons — qui voulaient le dévorer.

Le brave petit homme mit l'épée à la main, perça le ventre du premier rat et jeta l'autre en bas du lit.

Sur ces entrefaites, arriva la fermière avec sa

VOYAGES DE GULLIVER.

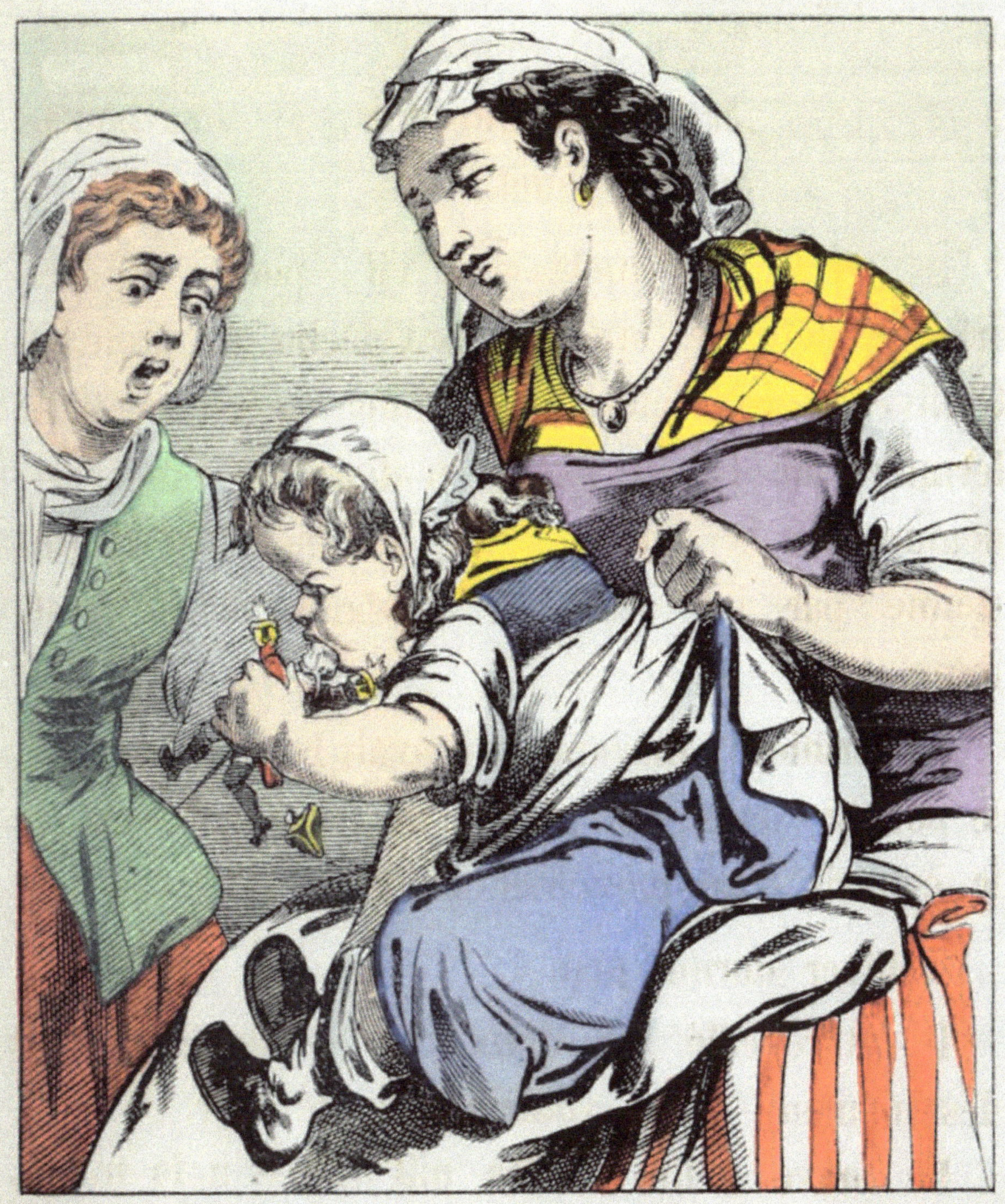

Tout aussitôt le bébé introduisit dans sa bouche la tête du nouveau jouet.

VOYAGES DE GULLIVER.

fille aînée, jeune personne de neuf ans. Cette dernière — qui aimait déjà beaucoup le nain — fut effrayée en le voyant couvert de sang.

Gulliver montra son ennemi étendu sur la couverture, et tout fut expliqué.

La jeune personne ne voulant pas exposer son favori à de nouveaux dangers, l'emporta dans sa chambre et le fit coucher dans le berceau de sa poupée ; par mesure de précaution, elle enferma ce berceau dans le tiroir de sa table et mit la clef dans sa poche.

Le fermier fit construire une cage, y plaça Gulliver et s'en fut le montrer de ville en ville comme une bête curieuse.

Le roi ayant entendu parler de l'homme-insecte, se le fit apporter et fut si charmé de sa bonne tournure, qu'il l'acheta sur le champ.

Les belles dames de la Cour se disputèrent ce petit être merveilleux, et le caressèrent comme un oiseau.

VOYAGES DE GULLIVER.

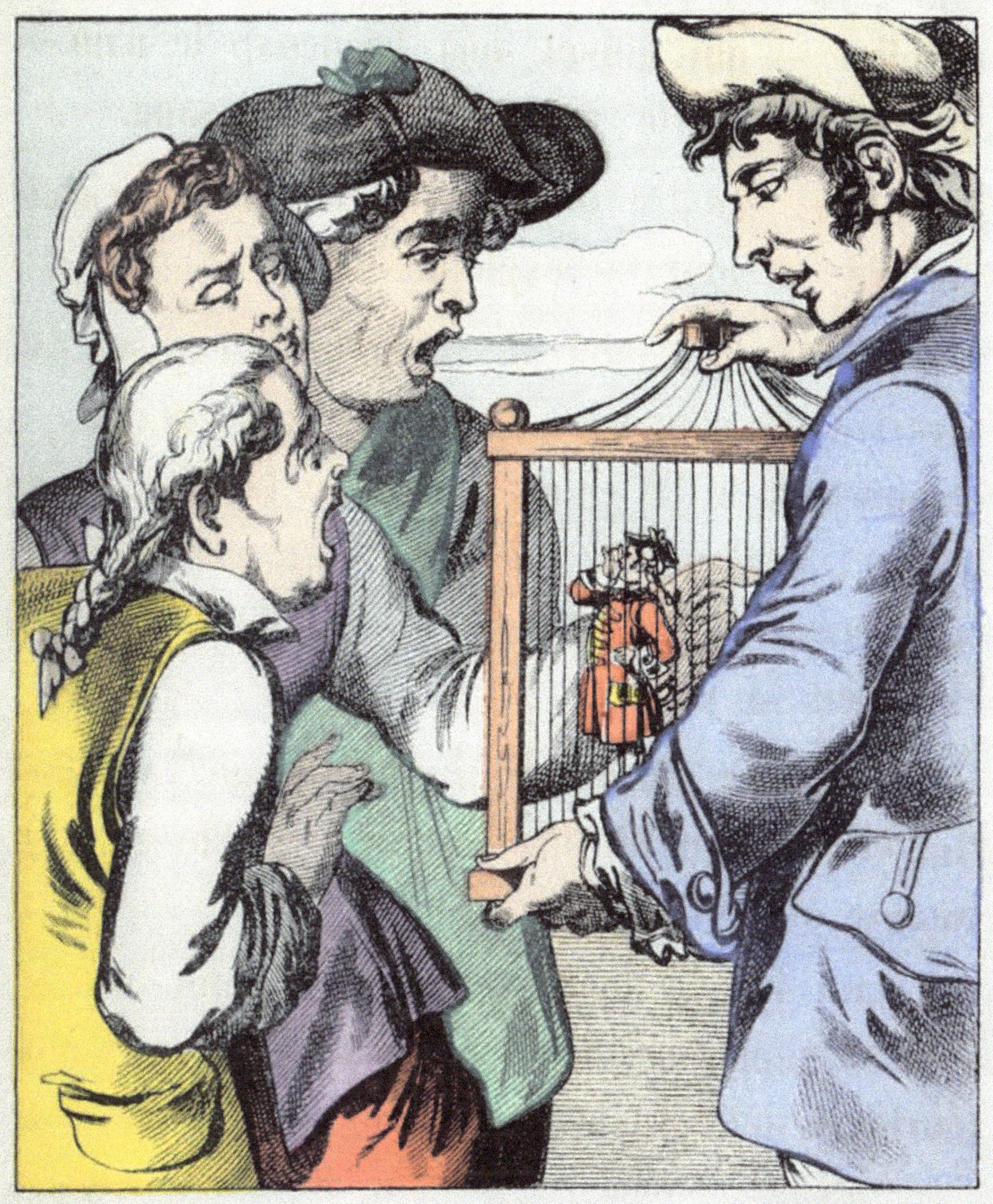

Il plaça Gulliver dans une cage et s'en fut le montrer de ville en ville.

VOYAGES DE GULLIVER.

Gulliver fut installé au château. On lui fit construire un appartement à sa taille qu'on plaça sur un guéridon.

Il eut un carrosse attelé de quatre fourmis, plus un navire à voiles, avec lequel il fit toutes sortes dévolutions sur le bassin du jardin.

Outre la fille du fermier — qui lui servait de femme de chambre — il eut plusieurs domestiques à ses ordres et une table des mieux servies.

Le nain en titre de la reine, furieux de se voir supplanté, résolut de perdre son rival.

Un jour que Gulliver se promenait sur la table à manger, attendant la famille royale, le nain profita de l'occasion et jeta son ennemi dans un plat de lait. — Gulliver se serait infailliblement noyé s'il n'avait pas été bon nageur.

Une autre fois, le méchant nain accrocha l'appartement de Gulliver en dehors de la fenêtre, comme une cage d'oiseau.

Un aigle enleva cette boîte et la porta vers

VOYAGES DE GULLIVER.

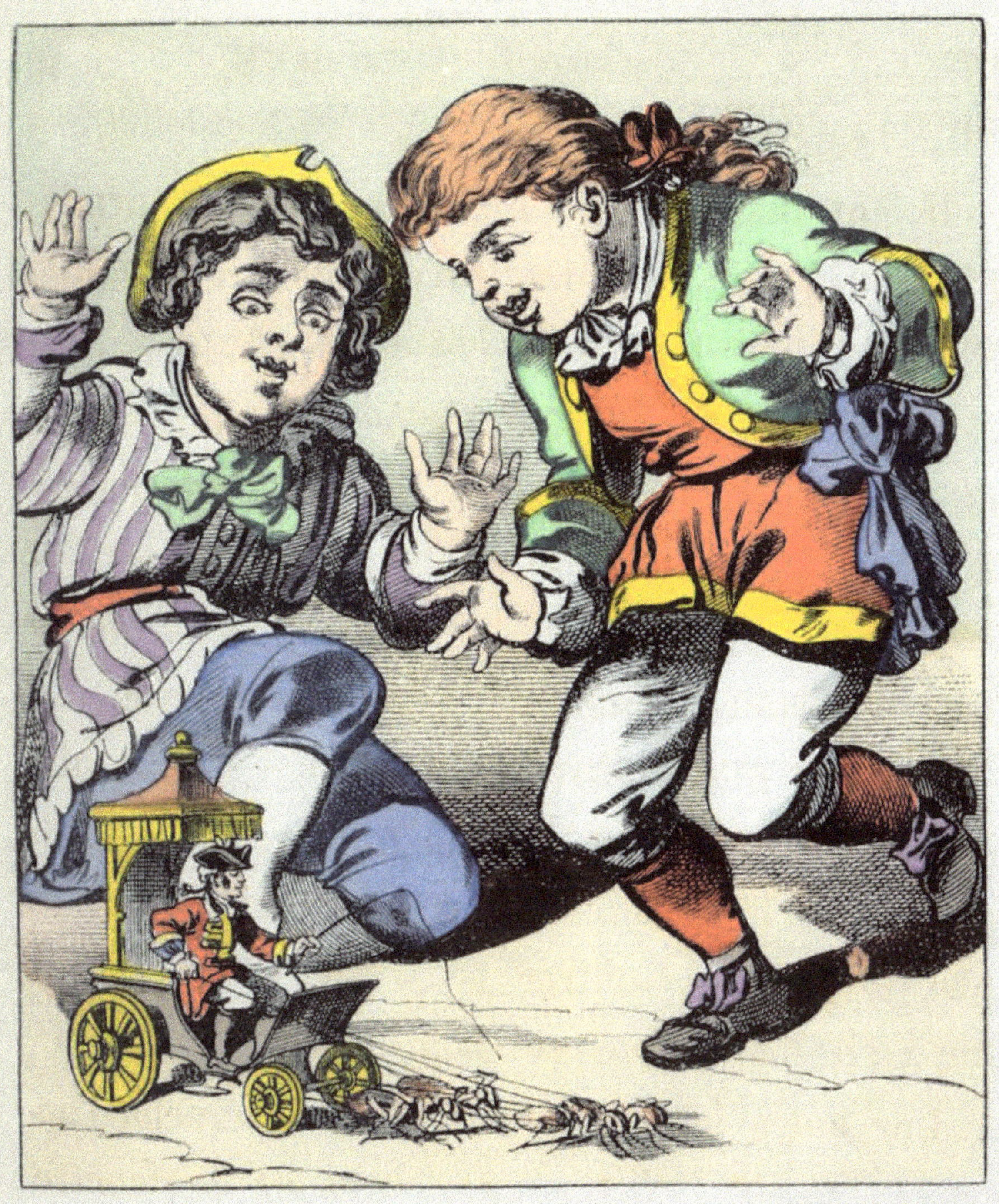

Il eut un carrosse et un navire à voiles, avec lesquels il fit toutes sortes d'évolutions.

VOYAGES DE GULLIVER.

son nid. Gulliver s'étant réveillé et se voyant entre ciel et eau, frappa contre les murs de sa chambre : l'aigle lâcha sa proie et la boîte tomba dans la mer.

Gulliver fut alors recueilli par un navire anglais qui le ramena dans sa famille.

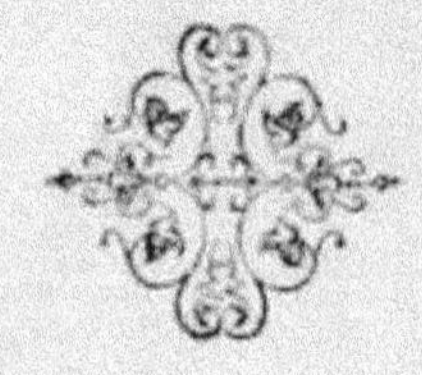

VOYAGES DE GULLIVER.

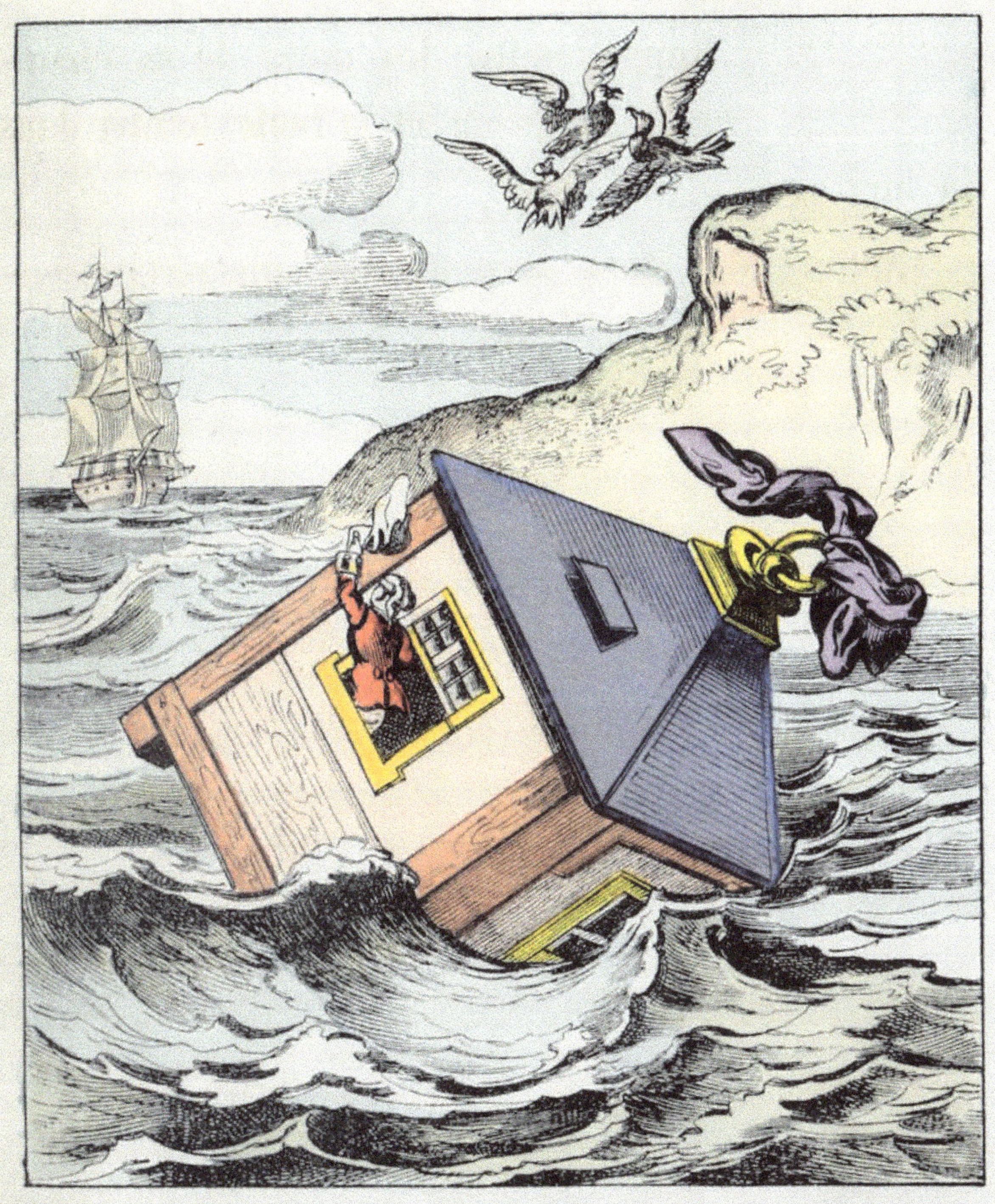

L'aigle lâcha sa proie et la boîte tomba dans la mer.

Achevé d'imprimer en Angleterre
par Lightning Source UK